# ORAISON FUNEBRE

## DE TRES-HAVTE, TRES-PVISSANTE
## ET TRES-EXCELLENTE PRINCESSE,

# MARIE ELEONORE
## D'AUTRICHE,
# REINE DE POLOGNE,
## ET
# DVCHESSE DE LORRAINE.

Prononcée dans le Convent des RR. PP. Carmes
Anciens du Pont-à-Mouſſon le 17. Juillet 1698.

Par le R. P. Théodoſe de la Mere de Dieu, Réligieux
audit Convent.

A PONT-A-MOUSSON,

Par FRANÇOIS MARET Imprimeur Juré de
l'Univerſité.

# ORAISON FUNEBRE
## DE
# MARIE ELEONORE
## D'AUTRICHE,
# REINE DE POLOGNE,
## ET
# DUCHESSE DE LORRAINE.

*Scriptum est de me ut facerem voluntatem tuam Deus meus volui & legem tuam in medio cordis mei.* Pf, 39.

*Il est écrit de moï que j'accompliffe vôtre volonté fainte, je la veux, ô mon Dieu ! & vôtre Loï eft gravée au fonds de mon cœur.* Pf. 39.

'E S T ainfi Chrétiens, que fe confoloit avec Dieu un Roy penitent, quand preffé par de vifs reproches, troublé par des fantómes importuns, gemiffant & prefques accablé foûs le poids de fa chûte, il fentoit aprocher le jour fatal ou toute fa gloire alloit tomber avec les ruines de fon corps, tantôt il fe regarde comme une de ces nobles creatures que Dieu éleve fur les Trônes par fa

A

misericorde, tantôt il se considere comme un de ces sujets humiliez qu'il fait descendre jusques dans le sein de l'indigence par sa Iustice. *

** Ego autem mendicus sum & pauper.*

Ici attentif à la disposition de son cœur, il déplore l'état douloureux ou il le voit réduit par son peché, ce cœur, que Dieu avoit formez comme l'objet de ses complaisances: là afoibli par des tourmens dont la multitude & la grandeur découvroit & le nombre & l'horreur de ses iniquitez, il ramasse tout ce qui luï reste de force pour rapeler son ame comme enveloppée du voile de la langueur *

** Et cor meum dereliquit me.*

Il n'eut pû resister à cette foule de pensées affligeantes, si une réflexion plus douce n'eut réveillez ses esperances presques éteintes: il se considere comme l'oint du Christ, le Ministre du Dieu d'Israël, le Prince de son Peuple, destiné pour annoncer les Iustices du Seigneur au milieu d'une nombreuse assemblée. *

** Annuntiavi Iustitiam tuam in Ecclesia magna ibid.*

A cette veüe les sombres voiles se levent, un reste de honte le trouble encore, mais un raïon de lumiere plus fort l'anime & le soutient, l'idée de ses foiblesses qui sans cesse revient à son esprit l'humilie, mais les caracteres de Roïauté & de Sacerdoce dont il est revêtu, fonds honorables des grandeurs humaines, marques éclatantes des bontés de son Dieu, l'encouragent & le relevent.

Durant le trouble & l'agitation de son ame, il porte sur les autels du Dieu vivant des victimes plus pures, plus agréables, plus saintes que n'avoient offerts ses peres: persuadé que le bon plaisir de Dieu doit servir de régle à tous les projets des hommes, il luï soûmêt pleinement son esprit, cette puissance orgueilleuse: convaincu que la vraye gloire & le solide honneur consistent dans la fidelité qu'on aporte à accomplir la Loï du Dieu saint , il veut que son cœur n'ait d'atachement que pour elle. * 

De si nobles sentimens, Messieurs, ne vous represent-ils pas au naturel la conduite toute Chrétienne de la Reine dont j'entreprend de d'écrire les vertus : je parle d'une Princesse que le Ciel a fait naître pour regner, que la terre a admirée sur le trône , & qui a honnorée le trône par ses vertus. Reine par la disposition de la Providence , modele des Reines par les exemples de sa modération.

Du milieu de ses grandeurs on voïoit sortir une ombre plus douce que leur éclat , qui montroit un fond de gloire & d'humiliation, d'élevation & d'abaissement , caracteres qui forment ces grandes ames que Dieu produit & qu'il cache, qu'il éleve & qu'il abaisse selon les têms & les regles qu'il a marquez pour l'acomplissement de ses grands desseins : elle considera toute sa felicité, mais elle n'en fût point éblouïe , à l'exemple du Prophete Roy, elle s'apliqua à purifier son cœur de ces défauts qui sont comme inséparables de la condition des hautes fortunes.

Fideles témoins & de la grace qu'elle avoit trouvée aux yeux de Dieu , & du merite qu'elle s'étoit acquise devant les hommes , vous l'avez loüée, vous l'avés aimée , elle n'est plus.

Il est donc vrai que de toute cette gloire qui s'étoit rassemblée autour de son trône , de toute cette grandeur qui étoit née avec elle, & qu'elle inspiroit au cœur de ses Sujets, de tout ce qu'elle a fait pour l'honneur de sa Nation , pour la gloire de sa Réligion, pour sa propre santification , il ne nous reste que le triste souvenir qu'elle n'est plus.

Ie me trompe , Messieurs , le Ciel avoit versez

tous ces biens dans l'ame de la Reine, la Reine les fit servir à ses vertus, & ses vertus dont le souvenir ne se perdra jamais, les raniment au de-là du tombeau. Laissons là ces honneurs qui furent bien moins des distinctions de sa naissance, que des preuves visibles de l'excellence de son merite. éloignons ces imiges de pompe funebre qui nous rapellent la memoire de son auguste Nom, ne pensons de ce que l'univers admire en sa personne que ce qu'elle en a approuvée elle même, ne publions de sa gloire que ce que sa vertu en a produit, en un mot, oublions s'il se peut qu'elle fût une grande Reine, pour nous souvenir seulement qu'elle fût une parfaite Chrétienne. C'est ainsi que j'apelle Tres-haute, Tres puissante, & Tres excellente Princesse Marie Eleonore d'Autriche, Reine de Pologne, et Duchesse de Lorraine.

Ne perdés point de veüe cette idée, Messieurs, elle fut comme le point ou se rapottoient toutes les actions de nôtre Princesse, elle va renfermer toute la matiere de ce discours. Conformément aux paroles de mon texte, disons la volonté de Dieu acomplie en la personne de la Reine, la Loi de Dieu gravée aut fonds de son cœur, composeront les deux partie de son Eloge, & le sujet de vos atantions.

## PREMIERE PARTIE.

C'Est Dieu, qui par sa puissante main place sur les trônes ces grands hommes qu'il a choisi pour prendre soûs lui le gouvernement de l'univers, mais ce n'est qu'en assujetissant leur grandeur & leur puissance à sa Majesté Souveraine qu'ils peuvent se rendre dignes d'un si noble choix, & faite regner un calme immuable dans la vaste étendüe de leurs états.

C'est

C'eſt lors qu'ils deſcendent de leurs trônes pour
jetter leurs Sceptres aux pieds de l'agneau, que Dieu
ſe plait à les élever, & qu'il ſe prépare à rendre immortelles les couronnes qu'il a mis ſur leurs têtes :
comme il les a formez pour ſa gloire il les y con-
duit par les routes qu'il leur a marquées, il les pré-
vient de ſes lumieres avec abondance pour veiller
ſur les béſoins de leurs peuples, il leur communique
ſes bontés avec profuſion afin qu'ils les répandent
dans le ſein de leurs Sujets, il les révét de ſa puiſſance pour exercer ſes jugemens, il grave ſur leur
front, les caractéres viſibles de ſa ſainteté, enfin il
ſe rend le maître abſolu du cœur des Rois par amour,
comme les Rois regnent par ſageſſe ſur l'eſprit &
ſur le cœur des Peuples qui gouvernent.

C'eſt ainſi que Dieu en uſe avec les Princes qui
regnent dans la juſtice, c'eſt ainſi qu'il en a uſé avec
la Reine que nous pleurons. Si ſa vertu fut moins
connüe, ſi le voile qu'elle a jettée elle même ſur ſes
grandes actions eut pû renfermer tout leur éclat,
remontant à l'origine des têms, & perçant les ſiécles
les plus reculés, j'irois r'ouvrir ces ſources d'honneur & de gloire qui ont portéz ſans interruption
la grandeur & la réligion dans ſon auguſte Maiſon,
& qui ſans rien perdre de leur pureté, ont coulez
dans les veines de tous les ſouverains.

Yci j'expoſerois à vos yeux les ſuperbes mauſolées
de la Maiſon d'Autriche ou l'on a vû ſe raſſembler
toutes les vertus, comme pour garder les glorieuſes
dépoüilles de tant de Heros qui y répoſent : la je
ranimerois pour ainſi dire, les cendres de ces grands
Princes, ſur qui il ſemble que Dieu s'eſt repoſé tant
de fois du ſoin de l'Vnivers, & ainſi je tirerois une
partie de la gloire de nôtre Princeſſe de celle de ſes

B

ancêtres. Mais je parle d'une REINE qui ne fût sensible qu'au seul éclat qui sort du sein de la vertu, elle se tint honnorée du rang que lui donna sa naissance, & elle ennoblit sa naissance à son tour.

On la vit chercher avec soin dans les exemples de ses ancêtres, de quoi fortifier sa vertu naissante, & se détourner avec soin de tout ce qui pouvoit lui inspirer de la vanité: durant le cours de ses tendres années on ne vit aucunes traces de ce foible qui donne une espece d'agrément à l'innocence de l'âge, l'esprit de la femme forte loüée dans l'écriture sembloit inspirer nôtre Princesse, elle s'ouvrit un chemin à la vertu dans un têms où les routes paroissent aux autres inaccessibles; on découvrit en elle un fond de sagesse déja loüable, lorsqu'à peine y pouvoit on démêler les traits d'une raison formée: Enfin on la veüe se faire un devoir de santifier par sa pieté le beau sang qui l'animoit, & fonder toute sa gloire sur l'innocence & sur la pureté de ses meurs.

On découvrit bien-tôt par ses manieres toutes nobles, les caractéres qui forment les personnes extraordinaires, un esprit droit, solide, une pénetration délicate, sublime, une nature favorable en tout, soutenant par sa modestie l'éclat de sa préeminence, temperant par sa douceur, les ombres de la suprême Majesté répandües sur toute sa personne.

Tel fut le soin que prit le Ciel d'une Princesse a qui il destinoit un des premiers trônes de l'Europe, en vain la renommée voulut elle avoir l'honneur de porter sa gloire dans cés climats, ou les couronnes sont le prix du vrai mérite, celuy de la REINE l'avoit devancée. Déja de fideles échos avoient annoncez ses grandeurs, & l'idée qu'on s'étoit formée de son auguste Personne étoit si élevée, & à même

têms si juste, que la renómée n'y pût ajoûter que ce
qui aproche du merveilleux.

En ce têms il s'éleva à la maniere des Heros un
Prince, que la sagesse & la réligion avoient portez
sur le trône. Souvenez vous de ces jours glorieux
où Michel Roy de Pologne, par un exemple immortel de sagesse, méditant des conquêtes dignes de
la valeur d'un Monarque Chrétien, résolut de
santifier ses armes par la défaite des ennemis de la
réligion: pour soûtenir glorieusement tout le poids
d'une entreprise si noble, il jetta les yeux sur toutes
les Princesses de l'Europe, afin par les nœuds de
deux grands cœurs, d'unir les intéréts d'un grand
Roïaume, plusieurs Filles des Souverains s'offrirent
aux yeux du Prince comme des modeles de beauté,
de sagesse : Marie Eleonore d'Autriche fût préfe-
rée à toutes.

A ce nom, Messieurs, ne sentez vous pas se ré-
veiller ces impressions de richesse, de grandeur, de
gloire, qu'inspire la seule idée de la Maison d'Autriche ? ne pensés vous pas à cet air de douceur & de
majesté dont la jeune Princesse reçût les vœux de ce
grand Roy ? ne rapellez vous point dans vos esprits
cette fermeté avec laquelle on la vit s'éloigner d'une
cour délicieuse pour suivre la destinée d'un Prince
qui ne devoit être couronné que des lauriers que sa
main victorieuse auroit cüeillie?

On eût dit que toutes les graces ensemble l'acom-
pagnoient sur le trône, l'honneur la conduisit, les
aplaudissemens la suivirent, la gloire elle même se
chargea du soin de faire les préparatifs de sa récep-
tion, & d'ordonner la pompe de la ceremonie: toutes les vertus comme autant de Princesses se présen-
terent d'une face ouverte, d'un visage assûré, certai-

nes qu'elles étoient de recevoir de ses roïales mains,
les recompenses, les couronnes qui leur sont deües:
elles se montrerent avec une contenance victorieuse
du libertinage du têms, & la Reine semblable a une
personne qui triomphe parut avec éclat au milieu de
leurs lumieres.

D'abord elle s'apliqua à faire valoir la réligion
de ses Peres, si dans le palais des Cesars les exemples
des Maximiliens & des Henris avoient étez pour elle
de puissans motifs pour exciter sa pieté, assise sur le
trône des Rois de Pologne, les actions chrétiennes
des Casimirs & des Venceslas furent des ressources
pour afermir sa vertu : l'image de l'innocence de Ca-
simir la rendoit circonspecte, & vigilante à la garde
de son cœur, le souvenir de la constance de Venceslas ranimoit sa foy ; dirai-je qu'elle faisoit naître
dans son cœur le secret désir d'être immolée pour
Iesus Christ ? en un mot la sainteté de ces Heros du
Christianisme servit de modele à la REINE pour sa
conduite, elle aprit à les imiter si parfaitement, qu'à
leur exemple on pouvoit dire, que ce n'étoit point
elle qui régnoit, mais que c'étoit Dieu qui régnoit
par elle.

On ne vit jamais un merite, plus complet, plus
universel, jamais tant de vertus ne se réünirent plus
régulièrement dans un seul sujet, elle brilloient en
sa personne avec tant de force & avec si peu de faste
à même têms, qu'il étoit aisé de connêtre que l'éclat
qui l'environnoit, venoit du fond de sa pieté, bien
plus que du brillant de sa couronne.

Arantive à entretenir le Roiaume de Dieu qu'elle
avoit solidement établie dans son cœur, combien de
fois se dépoüilla t'elle des marques de sa Roïauté
pour se revêtir de Iesus Christ ? combien de fois la
                                                    t'on vüe

l'on vûe gemissante soûs la pourpre mettre aux pieds
de chaque autel, un des plus riches diadémes de l'Europe? dans la posture d'une personne humiliée bais-
ser soûs la main du Prêtre une des plus Illustres Têtes du monde, consacrer enfin aux exercices d'une
Réligion sainte ce grand cœur qui n'aima jamais que
Dieu, bien persuadée que Dieu seul en pouvoit remplir la vaste capacité.

Loin d'ici ces sublimes vertus qui ne se produisent,
que pour donner plus d'éclat à de grands défauts,
on a vû & admiréz en la personne de la Reine, une
élevation d'ame soûtenüe avec force, une préeminence de mérite exemte des défauts sensibles, aussi
peu accessible au soubçon dans un poste d'autorité
supréme, que si elle s'en fût sauvée à l'ombre d'une
condition obscure: cet air de malignité qu'on respire
dans le grand monde fût dissipé au premier raïon de
ses vertus, & ses vertus qui auroient pû l'exposer
aux traits dangereux de l'envie triomphérent par leur
integrité de cette redoutable ennemie.

Elevée au-dessus de la plus ingénieuse médisance
par l'uniformité qui régnoit dans toutes ses actions,
on ne pensoit à elle que pour admirer sa régularité,
on ne parloit d'elle que pour publier son mérite.
Il faloit, Messieurs qu'elle eût un fond de mérite
aussi rare, qu'il est difficile en ce siecle de trouver une
réputation irréprochable, sur tout à la Cour ou l'i-
dôle du monde se vange de ses déréglemens avec si peu
de retenüe sur les moindres aparances de foiblesse, ou
l'on perce les plus sombres voiles pour y chercher les
plus secrets défauts, ou souvent enfin l'innocence
même gémit comme acablée par le nombre de ses
ennemis.

Dieu qui avoit choisi nôtre Princesse pour en faire

une Reine felon fon cœur, éloigna d'elle ce qui pouvoit lui déplaire, fur tout cet efprit de hauteur qui
porte les Princes à gouverner avec fierté : il renfer-
ma fes paffions foûs le fceau de la moderation, &
fit naî re dans fon cœur un défir fincere, efficace d'a-
complir fes volon és adorables. Son Palais fervoit de
ré raite à la modeftie, fa Cour formoit comme une
affemblée de perfonne d'élite ou préfidoit la fageffe,
fon trône, étoit le trône de toutes les vertus.  On y
aprenoit à fon exemple à honnorer fa Réligion dans
fon état, & à fantifier fon état par fa Réligion.

l'atefte ici vôtre foi, vous, que le rang ou le devoir aprocherent de fon augufte Perfonne, quelles
impreffions n'a point fait fur vos efprits, & plus encore fur vos cœurs, je ne dis pas le nombre, mais la
régularité de fes bons exemples? vous le fçavez, du
fond de tant de vertus ( & il ne lui en manquoit
aucune) s'exhaloit une odeur, qui parfumant les uns
& les autres, embeaumoit la Nation entiere.  Que
penfoit de fa pieté le peuple, lors qu'il la voïoit dans
les exercices de nôtre Réligion? étonné, édifié, tou-
ché, il l'admiroit, il la béniffoit, il l'imitoit.

Que le monde étâle aux yeux des fimples cette vertu faftueufe, qui par des retours fecrets & flateurs dé-
robe à Dieu toute la gloire des actions les plus édifiantes : je loüe une vertu cachée en Dieu, établie
fur le fond folide d'une pieté felon les régles, & qui
fe raporte toute à Dieu côme à fon véritable principe.

C'eft cette efpece de pieté, Meffieurs, qui uniffoit
la REINE à Dieu par le défir de fa gloire, & qui l'a-
pliquoit au prochain par le zele du falut des hommes, rempliffant ainfi les deux préceptes tout enfem-
ble: des méditations tranquiles, réglées, des lectures
édifiantes, perfuafives, la contemplation fuivie d'une

ferveur de refolution, la dévotion juftifiée par la régularité de fa conduite, la priere fantifiée par le jeûne
& par l'aumône, tout cela rempliffoit fi exactement,
& fi chrétiennement le cours de fa belle vie, qu'on
peut dire qu'il n'y eût pour elle aucuns momens ou
vuides ou inutiles.  Toûjours égale dans les rencontres differentes, toûjours tranquile parmi la foule des
affaires, elle joüiffoit pleinement de Dieu, & d'elle
même : environnée de mille foins preffans & divers,
elle fçût fe dreffer un autel au fond de fon cœur, ou elle
rendoit à Iefus Chrift un culte pure d'efprit & de vé-
rité: en un mot jettant les yeux tantôt fur ce qui périt
pour en détourner fon cœur, tantôt fur ce qui ne pe-
rit pas pour en faire l'objet de fon atachement, elle
vivoit comme fi elle eut porté dans fon fein la réponfe
de la mort.

Reculons encore s'il fe peut ces images funeftes de
mort, pour nous inftruire fur l'étendüe de la charité
de la Reine : la viton jamais rebuter un pauvre, &
méprifer fa propre chair comme parle le Prophete?
les pauvres au contraire ne la régarderent-ils pas comme leur mere ? inftruite que la pieté qu'elle auroit
des autres lui feroit trouver grace aux yeux du pere des
mifericordes, perfuadée que fes aumônes comme
perdües dans le fein des pauvres, fe retrouveroient
dans le fein de Dieu, elle fe montra acceffible à tous
les malheureux, recevant toutes les plaintes, ne re-
jétant nulle fupplication, elle régla l'abondance de
fes aumônes par le fond de fa tendreffe, difons mieux,
les fécours qu'elle préta, allerent au delà de la fenfi-
bilité de fon cœur.

Ce n'eft point la, Meffieurs, une idée de charité
que j'imagine, c'eft une verité qui j'établis fur les
effets de fa liberalité, on la vüe dans ces Palais ou ré-

gnent d'ordinaire le luxe , la vanité, la délicatesse,
se réfuser les plaisirs les plus permis, faire entrer dans
le sein de la misericorde ce superflu qu'on y consume
en des usages profanes , santifier par ses aumônes,
ces richesses qu'on y fait servir aux jeux, aux spec-
tacles, à tant d'autres divertissemens, qui sont comme les instrumens publics de toutes les passions humaines : on la vûe aprés avoir épuisé par des assistan-
ces extraordinaires le fond marqué pour ses charités,
toucher à son nécessaire , en honorer les pauvres de
Iesus-Christ, & goûter parmi la profusion de ses bien-
faits, une joïe pure, sans mélange, douceur, ô, ames
mondaines, que vous ne ressentites jamais au milieu
de vôtre abondance.

Aussi pouvons nous dire à la gloire de nôtre Princesse, que l'interêt, ni l'amour propre, n'eurent aucune part à sa conduite, on eût dit que tout l'éclat
de sa grandeur, se perdoit dans l'excés de ses bontés,
par là elle dissipoit la plus petite vûe d'intérét , le
point de son élévation se reposoit pour ainsi dire sur
le fond de son humilité, ainsi elle étoufoit les plus
secrets mouvemens de l'amour propre. Persuadée que
les grands sont d'autant plus les images de Dieu ,
qu'ils ont plus de moïen de bien faire, la REINE ne
fût attantive à sa grandeur, que pour être bienfaisante
sans réserve, elle ne fût sensible à l'éclat qui l'envi-
ronoit, que pour mieux découvrir les miseres cachées,
& de tous les biens qui s'étoient rassemblez autour
de sa personne, elle ne se réserva jamais que le seul
plaisir de les répandre.

Que ne m'êt-il permis de percer ces sombres &
tristes réduits, où se rétirent les ministres de la mort,
& ou la mort elle même régne avec empire : que ne
puis je vous d'écrire ces affreuses rétraites ou la mi-
sere se

tere se fait voir avec toutes ses horreurs, ou la douleur se fait sentir avec tout ce qu'elle a d'afligeant,
ou des hommes a demi vivans, effrayés par l'image
de la mort toûjours presente, la souffrent mille fois
par leurs peines, avant de cesser de vivre.

C'est là que la Reine déploïa toute sa charité, c'est
là que d'une main prodigue elle répandoit tous ces
trésors, qu'elle avoit amassé avec tant de retenüe,
pénitente avec les pénitens, malade avec les infir-
mes, elle se considera comme chargée du soin & du
salut des membres languissans de Iesus-Christ : sans
craindre ces soufles dangereux, qu'on respire dans ces
lieux mortels, tantôt elle étendoit sa roïale main,
& prétoit aux uns les secours nécessaires pour vivre,
tantôt elle prononçoit des oracles de sagesse, & ou-
vroit aux mourans les portes de la vie éternelle. Digne héritiere de ces grands hommes que loüe le S. Esprit, dont les misericordes fûrent inépuisables, elle
eût beau se dépoüiller en faveur des pauvres, elle
fût toûjours riche en misericordes: d'un fond si noble, si chrétien, naissoit une intention génerale de
connêtre, & d'accomplir les desseins de Dieu sur sa
personne, & sur celle du Roy son êpoux.

Vous étes trop équitables, Messieurs, pour éxiger
de moï que je rétrace ici l'idée affligeante de la mort
de ce Monarque, le sujet qui nous assemble, doit dis-
poser seul de toute nôtre douleur: trompons nôtre
tristesse pour donner plus d'étendüe à la gloire de la
Reine, ne réfléchissons à la fermeté qu'elle montra
à la mort du Roy son Epoux, que pour nous souvenir
qu'elle régarda cette séparation, comme une disposition a de plus grandes épreuves, & une matiere propre à exercer, & à couronner sa vertu, disons seulement, qu'elle vit disparêtre avec la gloire du Roy

D

toute la gloire du monde sans se troubler, & que
dans cette rencontre affligeante, la réligion fût la
plus forte, & ne laissa presques rien à faire à la nature : la volonté de Dieu acomplie en la personne
de la Reine fût le principe de sa grandeur : vous l'a-
vés vû, Messieurs, la loï de Dieu gravée au fond de
son cœur, fût le comble, & la consommation de sa
gloire, elle va faire le sujet de la

## SECONDE PARTIE.

LA loï sort du sein de Dieu comme de son véritable principe, elle se raporte à Dieu comme à
sa fin naturelle : elle est pure, comme la source d'où
elle est puisée est sans tâche : elle est au-dessus du ré-
lachement des hommes, ils peuvent bien déhonorer
sa sainteté, mais ils ne sçauroient afoiblir son pou-
voir, Dieu qui l'a donnée aux hommes pour la per-
fection de leurs mœurs, en est le protecteur puissant,
enfin elle est aussi immuable que Dieu méme.

Personne ne tira de ces principes de plus puissans
secours que la Reine : instruite sur tous les points
de sa réligion, attantive à la sainteté, & à l'équité de
ses préceptes, elle s'apliqua à les remplir avec toute
la fidelité que demande l'Apôtre, je veux dire qu'on
ne la vit jamais se démentir, ou se rélâcher dans les
pratiques de sa pieté : ainsi couloient les beaux jours
d'une Princesse dont les progrés devoient être suivis
de tant de gloire.

Ici, Messieurs, je commence à sentir le poids de
mon discours, je vois de grandes actions, de celestes
motifs, une singuliere protection d'enhaut : vous le
sçavés, la sagesse & la gloire à qui il apartient de
distribuer les diademes, furent comme les vertus fa-
vorites de nôtre Princesse, la sagesse l'avoit portée

ſur le trône, la gloire voulu l'y maintenir.

C'eſt alors qu'on pouvoit dire qu'elle s'éleva en quelque ſorte au deſſus de toute ſa grandeur, par le rare exemple de modération qu'elle laiſſa à la poſtérité : on la met à des épreuves tres ſenſibles, on emploïe tout ce qui peut ſervir à allumer dans ſon cœur une flâme ambitieuſe, on luï propoſe un parti capable de renverſer une jeune vertu, & d'ébranler la plus ferme conſtance.

La Reine régarda cette eſpece de gloire qu'on luï offroit avec les yeux de la foï, elle en connût toute la vanité , elle en ſçût mépriſer toute la grandeur : plus contente mille fois du ſacrifice qu'elle fit à Dieu de ſes plus ſecrets ſentimens, que de celuï qu'elle luï fit de ſa gloire : oüi , Meſſieurs , il en coûta bien moins à ſon grand cœur pour deſcendre de l'élévation de ſon rang, qu'il ne lui en eût coûtez pour remonter ſur le trône qu'elle venoit de quiter : Princeſſe digne de remplir pluſieurs trônes à la fois , on vous vit mettre le ſceptre & la couronne comme en dépôt aux pieds de la ſageſſe & de la gloire, avec les ſentimens d'une ſatisfaction plus ſincere, plus pure, plus élevée , que n'en témoignent les plus grands Heros lors mêmes qu'ils réçoivent ces marques honnorables de leurs mains.

A ce nom de Heros ne penſés vous pas, Meſſieurs, à un Prince, dont le cœur fut pour nôtre Reine une eſpece de conquête plus digne de la grandeur de ſon ame que la douce & tranquile poſſeſſion d'un grand Roïaume ? je parle d'un Prince dont la moindre qualité qui le rendit recommandable fût celle d'être né Prince : je parle d'une de ces têtes Illuſtres que Dieu aproche de ſon trône, d'un de ces Heros dont, il ſe ſert comme de nobles & glorieux inſtru

mens pour faire valoir ſa puiſſance, pour répandre ſes
miſéricordes, pour porter la gloire de ſon nom aux
nations les plus réculées, pour être les images viſibles de ſa grandeur, & de ſa ſainteté, pour regner
enfin ſur l'eſprit & ſur le cœur des autres hommes.

Déjà une partie de l'Vnivers avoit ſervi comme de
théatre à la vertu, & à la gloire de ce Prince, la terre
étonnée du bruit de ſa valeur, la Réligion ſoutenüe
par la grandeur de ſon zele, l'orgueil domté des Souverains, les autels des ennemis du Dieu d'Iſraël ren-
verſez, Iſraël luï même relevé par le bras puiſſant
d'un guerrier qui comme un mur d'airain fût l'écüeil
rédoutable, où ſe briſérent tant de fois, les plus puiſ-
ſans efforts de l'Empire Ottoman.

Ce Prince en qui Dieu mit ſes dons d'intelligence,
& de conſeil, de force, de pieté, de douceur, ce
Heros que Dieu tira des tréſors de ſa Providence pour
renverſer des Empires, & faire des Souverains, en
un mot Charles Vme. Duc de Lorraine, qui par le
nombre de ſes exploits, & plus encore par l'éclat de
ſes vertus a ſurpaſſés la gloire de pluſieurs Conqué-
rans, & effacé la mémoire de quantité de Perſonna-
ges les plus Illuſtres, ce Prince dis-je, fut choiſi entre
mille pour s'unir avec Marie Eleonore d'Autriche
par d'auguſtes liens dont les nœuds étoient ſerrés
dans l'éternité.

Quel ſiécle peut ſe vanter d'avoir été le témoin
d'une telle modération, le nôtre a vû une Reine ſe
dépoüiller des marques de ſa Roïauté, & mettre toute
ſon ambition à partager les qualités d'un grand Prince, & un Prince mettre toute ſa gloire à honnorer
le mérite d'une grande Reine.

Iamais on ne vit plus de grandeur, plus de majeſté
reünies en deux perſonnes, jamais deux cœurs ne
furent

furent formez plus parfaitement l'un pour l'autre :
c'étoient mêmes veües , mêmes deſſeins , mêmes
projets, même eſprit, même cœur: une veüe d'honneur & de gloire par raport à leur rang, un deſſein
ſolide, conſtant de ſanctification par raport à leur ſa-
lut, un fond de pieté, de vénération pour les autels,
& pour les miniſtres du Dieu vivant, de zele, de fidelité pour la ſacrée perſonne de Ceſar , de ſageſſe,
d'édification, de tendreſſe pour les jeunes Princes,
de réconneſſance, d'amour pour leurs peuples, tout
cela purifioit leurs penſées, régloit leurs paroles,
couronnoit leurs actions. Leurs intéréts étoient ſi
uniformes , qu'on eut dit que l'ame de la Princeſſe
étoit colée à celle du Prince ſon Epoux, ſi l'honneur
de l'Empire ou l'intéret de la Réligion apéloit le
Prince aux champs de la gloire, il emportoit avec luï
le cœur d'ELÉONORE , & ELÉONORE récevoit de luï
ſon eſprit.

N'attandés pas , Meſſieurs , que j'entreprenne de
ſuivre la rapidité de nôtre Conquérant que le vol
victorieux de l'Aigle avoit peine à atteindre dans le
cours de ſes glorieuſes campagnes. J'aime mieux me
rétreſſir dans les bornes que me preſcrit mon ſujet,
& vous faire voir la valeur du Prince ſoutenüe, ſan-
tifiée par la vertu de la REINE.

Penſés à cette noble hardieſſe qui faiſoit aller le
Prince au devant des obſtacles les plus invincibles,
& les ſurmonter , mais ne perdez point de veüe la
REINE qui ſe cache dans le ſecret de la face de Jeſus-
Chriſt : ici répreſentés vous ce Heros révétu des armes de la foï à la tête des Princes Chrétiens rempliſ-
ſant avec éclat dans la Hongrie les fonctions de
Joſüé, la voyés nôtre REINE dans une paiſible réttaite
ſemblable à Moïſe élevant ſes innocentes mains vers

E

le Ciel , tandis que l'un acquéroit de la gloire , &
que par tout il dréffoit des trophées à Iefus Chrift ,
l'autre tiroit toute fa gloire de la croix du Sauveur
des hommes ; & mêtoit fes couronnes aux pieds de
l'Agneau, l'un renverfoit les ennemis de la Réligion
par fon courage, l'autre enchaînoit fes paffions par
fa fageffe, l'un répandoit fon fang pour Iefus-Chrift,
l'autre répandoit fon ame devant fes autels, l'un
animé de l'efprit du Dieu des batailles forçoit le camp
des ennemis de fon faint Nom avec l'épée, l'autre
pénétrée de l'efprit de réligion détruifoit les vices
par fes vertus, l'un portoit parmi les nations bar-
bares l'effroi & la terreur par fes armes, l'autre par
fes exemples portoit la bonne odeur de Iefus Chrift
dans tous les lieux ou il êtoit adoré.  L'un à la tête
des légions Chrétiennes s'expofoit à tous les perils,
fans craindre, ni la force, ni la multitude, ni le dan-
ger, ni la mort même, l'autre fuivie de la trouppe
fidéle de fes Domeftiques prioit avec ardeur le Dieu
des armées de couvrir de fa puiffante main , & de
conferver une tête fi chere, & fi prétieufe.

   Ramaffons toutes ces merveilles, Meffieurs, & difons que la vertu de l'un & de l'autre n'étoit qu'une
même vertu, la Reine raffûroit la dévotion chan-
celante du peuple par une pieté conftante, le Prince
ramenoit le Soldat irréligieux par la force de fes bons
exemples.  La Reine au milieu de l'embaras d'une
grande Cour eût toûjours préfent le Dieu de fon ame,
le Prince parmi le bruit & la licence des armes, fçût
conferver le calme & l'innocence de fon cœur.

   Ainfi s'avançoit avec gloire les jours de l'Epoux
& de l'Epoufe quand une féparation imprév  eue fit
fentir à la Reine ce mélange inévitable d'amertume
que Dieu répand fur les félicités humaines: vous ra-

pellés fans doute dans vos efprits , ce trifte & fatal
inftant ou l'on vit en la perfonne de Charles V. finir
une vie dont les commencemens merveilleux pro-
mettoient à l'univers une longue fuite de prodiges:
moment douloureux ou fe féparerent deux grands
cœurs dignes également l'un de l'autre.

Nous avons perdu ce Prince dans un têms ou après
avoir rélevé l'Empire fur le panchant qu'il êtoit de
fa ruine, & rédreffé les autels abbatus , il fe prépa-
roit à chercher une gloire nouvelle parmi le débris
de fes Etats, il s'y êtoit ouvert une route par fa valeur, vôtre Providence, ó mon Dieu, le conduifoit
comme par la main, il vous a plû de l'arrêter au milieu de fa courfe glorieufe, parmi tant d'heureux fuc-
cés vous occupiez pourtant fon cœur , & par un ac-
cident inefperé vous nous avés ôté ce Prince dont il
femble que la terre ne fut plus digne, aïant été formé pour vous feul.

Difpenfés moï, Meffieurs, de r'ouvrir une plaie
qui rénouvellant vôtre trifteffe, interromperoit vôtre
attention, & dans ce jour de deüil confacré à la mémoire d'une grande REINE, difons à fa gloire, que
fi fon cœur a pû réfifter à fa vive douleur, s'il s'eft
ranimé ça été par l'impatience de travailler à l'élevation des Séréniffimes Princes fes enfans.

Ce feroit ici le lieu de vous faire voir nôtre Princeffe, renfermée dans les bornes de fon Domeftique,
vous la verriez, veiller fur fon Illuftre Famille fans fe
détourner d'un feul de fes devoirs de réligion , au
dehors l'honneur & l'ornement de fa nation, au de-
dans humble & fidéle Servante de Iefus Chrift, également admirable lors qu'environnée des jeunes
Princes fes délices, & fa gloire, elle faifoit pour ainfi
dire couler dans leur ame tendre , le lait de la Réli-

gion avec celuï de la nature, & lors que par les pratiques édifiantes d'une pieté solide & constante, elle
attiroit sur sa personne les yeux, & la vénération des
peuples, prudente, sage au milieu de sa Cour, sim-
ple, modeste, dans la retraite, se santifiant dans la
grandeur par les grands hommages qu'elle rendoit
à Dieu, édifiant le prochain par les grands exemples
qu'elle luï laissoit à imiter.

Entrerais je, Messieurs, dans les exercices secrets
de sa pieté ? dirais je qu'apeine le jour suffisoit à sa
vertu, qu'aprés avoir peséz au poids du santuaire
tout ce qu'elle avoit fait durant le jour, pour expier
certaines irrégularités qui luï êtoient échapées, elle
faisoit à Dieu, un sacrifice des momens marqués
pour son repos, momens, que de têms en têms ac-
compagnée d'un seul confident de sa pieté, elle em-
ploioit à suivre pas à pas Jesus Christ voilé, entre les
mains d'un Prêtre charitable, à le suivre dis je dans
ces sombres rétraites, où la honte renferme la pau-
vreté, & cela durant les plus rudes hyvers, & parmi
les horreurs d'une afreuse nuit.

C'est dans ce têms de silence universel, que loin
du tumulte de la Cour, n'aiant que le Ciel pour témoin de la pureté de ses intentions, avec une foi vive
elle rénouvelloit les protestations, qu'elle avoit si
souvent faites à Dieu, de la chercher & de l'aimer
dans la simplicité de son cœur: alors du sombre sein
d'une nuit obscure, sortoit une espece de jour extra-
ordinaire, à sa faveur duquel la REINE voïoit se dissi-
per ce vain fantôme de félicité, qui nous trompe,
s'évanoüir cette ombre ambitieuse de divinité, qu'a-
dorent les courtisans, disparétre enfin cet éclat des
diadémes qui n'offrant à nos yeux qu'un brillant
qui les éblouït, semblent reserver tout leurs poids
pour

pour les Têtes illustres qui les portent.

Renouvellés ici vôtre attantion, Messieurs, j'aï à loüer une de ses actions célebres, où le mépris des grandeurs humaines, & la conformité avec Iesus-Chrift soûfrant & humilié ont également éclatez. On a vû pour la gloire de la Lorraine, & pour la consolation d'une trouppe d'innocentes Vierges renfermées dans l'enceinte de nos murs, on a vû une grande Princesse, au miliéu de ses beaux jours, entre la pompe qui acompagne une haute naissance, & les graces que répand une vertu solidement établie, renoncer aux grandeurs de celle là, & chercher à faire valoir tout l'éclat de celle-cy, & où pouvoit elle mieux donner des bornes à sa grandeur, & de l'étendüe à sa vertu qu'en cette sainte rétraite ou la pompe & la vanité sont comme ensevelies, ou la penitence & l'humilité sont couronnées.

Si j'avois à m'énoncer devant ces ames saintes, je leurs dirois, vous qui n'avez que la croix de Iesus-Chrift pour possession & pour héritage, vous le sçavés : un de ces raïons de grace qui vous environnent, plus puissant que tous les charmes qui sont autour des trônes, se fit voir à la Princesse avec tout son éclat, elle luï fût fidéle, il la conduisit dans vôtre solitude, elle y entra avec un air majestueux, tranquile, satisfait. Sa mémoire nous est trop prétieuse, pour ne point rapeller une légere idée de sa conduite, qui a fait au déhors l'admiration des peuples, & qui a fortifiez au dédans de timidés vertus.

Vous qui marchez sur ses traces encore sensibles avec quelle attantion parcourez vous ces endroits qu'elle a honnoré par ses pas? ici dites vous elle sanctifioit sa grandeur par les exercices les plus humilians, l'a elle soûtenoit tout le poids des mortifica-

tions avec une parfaite égalité d'esprit : aux pieds de
ce Calvaire élevé par le travail de ses mains, elle
faisoit à Dieu un sacrifice des plaisirs & des joïes du
monde : dans cet oratoire elle repassoit & déploroit
dans l'amertume de son cœur les moindres désirs
que l'esprit du siécle & l'amour propre y pouvoient
cacher, ce chœur retentit encore des cantiques de
loüanges qu'elle prononçoit avec ferveur, disons
mieux, avec transports. On respire par tout l'odeur
agreable de ses actions saintes, & de l'encens de ses
oraisons, enfin il nous reste au fond de l'ame un por-
trait de ses vertus, qui passant de génération en génération, se perpetüe parmi nous, & rend immortel
le souvenir de son auguste nom, aussi bien que l'é-
clat qu'elle a acquise à cette sainte Maison.

Sans doute, Messieurs, à ces traits vous réconnés-
sés l'Illustre Philippe de Gueldres : Princesse dont les
cendres glorieuses font tout l'ornement de nôtre Ville :
ces mêmes traits ne vous réprésentent-ils pas MARIE
ELEONORE D'AUTRICHE, il y a entre ces deux Augus-
tes Personnes, un tel raport de religion, de probité,
de sagesse, de pieté, qu'il est aisé de juger que la vertu, & la sainteté ne sont pas moins héréditaires dans
ces Illustres Maisons, que la grandeur & la Majesté.

La REINE toûjours plus apliquée a choisi parmi
les exemples de ses Ancêtres, les motifs les plus ca-
pables de ranimer sa vertu, que curieuse d'y trouver
les moïens propres à faire honnorer son mérite, crût
qu'il y alloit de sa gloire, de succeder à la pieté d'une
Princesse, dont elle héritoit de la grandeur : aussi
s'instruire de sa conduite, & suivre ses exemples,
fût pour ELEONORE un même soin.

Témoin cette modération qu'elle a montrée dans
le sein des honneurs, élevée au comble de la gloire

elle a vécu avec une telle retenüe, qu'on eut dit que
son rang même luï étoit à charge. Témoin ce des-
sein formé de se rétirer d'une Cour pompeuse, pour
venir se réduire à cette solitude, qu'avoit choisie
Philippe de Gueldres : depuis long-têms elle s'étoit
déterminée à ce sacrifice, & le voile soûs lequel on
a vû cachée aprés sa mort, la gloire importune qui
la suivoit, est pour nous une conjecture bien fondée,
que c'étoit le même dont elle désiroit se couvrir durant sa vie.

Vierges de Iesus Christ, qu'elle source de consolation c'eût ê-ez pour vous d'être honnorées de sa pré-
sence ! semblable à la Princesse qu'elle avoit prise
pour modele de sa santification, vous luï eussiés vûs
réjetter tous les adoucissemens, tous les tempera-
mens que l'Eglise acorde aux Souverains, & se méler
parmi vous comme une autre vous même.

N'entrons point dans le sanctuaire, Messieurs, ne
sondons point les desseins de Dieu, adorons la conduite de la Providence sur la Reine, le Ciel luï avoit
inspiré le désir du sacrifice. la victime s'est présentée
à l'Autel, le Ciel l'a agréez & a voulu qu'une vertu si éprouvée fut couronnée par une fin glorieuse.

Desabusée depuis lon-têms de tout ce qu'honore
le monde, dont elle avoit rejettéz les maximes par
raison, condanéz les usages par sagesse, & qu'enfin
elle avoit abandonnéz par réligion, d'un esprit tranquile elle vit aprocher l'ange de la mort, & elle
atandit le dernier coup avec une confiance chrétienne.

De vives douleurs la surprenent, elle les soûfre
sans se plaindre, le mal redouble ses accés, la Reine
rapelle toute sa vertu, il s'obstine, elle léve les yeux
au Ciel. Déjà les tristes échos des soupirs & des
plaintes publiques remplissoit le Palais, mille cœurs

ouverts à la tristesse portoient la douleur jusques
dans l'ame de la Princesse, la pitié la rendoit si sensible, qu'on eût dit qu'elle avoit oublié ses propres
maux, & qu'elle ne souffroit que de ce qu'elle
voioit souffrir.

Touchée de voir de jeunes Princes néz pour gouverner des Empires, errer hors de leurs états, persuadée d'ailleurs de l'équité, de la sagesse, de la douceur, de la pieté, d'un des plus grands Monarques
du monde, elle crut que pour rédonner à la Maison
de Lorraine son premier éclat, il faloit méler son
sang, avec le noble sang de Bourbon : aussi sentant
aprocher l'heure fatale à tous les mortels, ne tenant
plus au monde que par un reste de tendresse pour
les Sérénissime Princes ses Enfans, occupée des misericordes & des jugemens de Dieu, elle voulut se-
conder l'œuvre du Tout-puissant, en signant l'Al-
liance de nôtre Auguste Maître, tres vaillant, tres-
tres-sage, tres-aimable Prince, avec une des Princesses du monde la plus parfaite, la plus accomplie.

Ensuite elle se fit aporter une image de la Mere de
Dieu, dont la protection s'étoit rendüe sensible par
un grand nombre de prodiges : & d'une voix foible
& mourante elle lui dit, Vierge Sainte mille fois j'ai
répandu devant vous les plus pures effusions de mon
cœur, vous m'avez consolée dans mes déplaisirs, se-
courüe dans mes bésoins, instruite dans mes doutes,
favorisée dans mes entreprises ; puissent tant de bontés dont il vous a plû me prévenir, passer jusques à
ces tendres éléves, puisse ce cœur qui ne chercha
qu'à vous plaire, vous être agréable encore en ce
dernier instant.

Comme si elle eut tiré de nouvelles forces du sein
de Marie rapellant sa tendresse, elle lévoit sur les

Princes

Princes ſes Enfans, ſes yeux que la ſeule foi ſembloit tenir encore ouverts, & portoit ſur leurs têtes, dignes des Diadémes, ſes mourantes mains qu'elle avoit ouverts ſi ſouvent à Ieſus Chriſt en la perſonne de ſes pauvres. Ici elle ſerre entre ſes bras défaillans l'Image de Marie avec une foi qui édifie, & une fermeté qui étonne : là elle réveille toute la vivacité de ſes régards, & les réünit ſur les jeunes Princes éplorés, avec une douceur qui les attendrit, d'une part les ſanglots ſe mêlent aux pleurs des Domeſtiques affligés, de l'autre la REINE leur fait voir un reſte de tendreſſe, où ils ne découvrent que trop combien elle eſt ſenſible encore à leur fidelité, & touchée de leurs bons offices.

Enfin toute occupée de ſantifier ſes momens extrêmes par un commerce interieur avec Dieu, animée d'une foi vive, & d'une force toute celeſte, tranquile à la veüe du dernier & terrible apareïl, elle dit : il eſt écrit de moi que j'acompliſſe vôtre volonté ſainte, je le veux, ô mon Dieu ! & vôtre loi eſt gravée au fond de mon cœur. *Scriptum eſt de me &c.*

Ainſi vit-on ceſſer une vie dont les commencemens furent avantageux à un grand Roïaume, dont les progrés furent glorieux à la Réligion, dont la fin nous donne lieu d'eſpérer pour elle des couronnes immortelles.

Que tout ce qui ſert à la vanité periſſe avec la vanité, la REINE la mépriſée, elle vivra dans l'eſprit, & dans la memoire des hommes. Que dis je, Meſſieurs, elle vivra ? elle vit en la perſonne des Séréniſſimes Princes ſes enfans, ils ont récüeillis l'héritage de leurs Peres, ce caractére de pénétration dans le Conſeil, de modeſtie dans l'élévation, d'égalité dans les rencontres differentes, de prudence dans les

entreprifes, de valeur dans les occafions, de progrés
dans la pieté: caractéres qu'ils produifent déjà avec
tant de gloire.　Puiffent ces fleurs naiffantes, croître
à l'ombre des Lauriers de leur Augufte Pere, puiffent-
ils fructifier en grace, foûs les exemples de leur Illuftre
Mere, puiffent-ils à la vûe des tombeaux de tous les
deux, aprendre à s'humilier jufques fur les Trônes
de leurs Ayeux, & par les routes qu'ils ont frayées,
s'ouvrir un chemin à la même gloire.

Pour nous, Meffieurs, il ne nous refte plus qu'a voir,
combien il y a loin de ce que nous fommes à ce que
nous devons être pour rendre nôtre deftinée auffi heu-
reufe que celle de la Princeffe dont je viens de décrire les
vertus ou plus haut point de fon élévation, fon cœur
fut toûjours libre, & elle fût toûjours difpofée à def-
cendre du Trône, ou Dieu l'avoit placée: au milieu
de l'abondance, elle a poffedé des richeffes, comme ne
les poffedant pas: nous vivons durant le petit efpace
d'une fortune riante, comme fi nous duffions être éter-
nels fur la terre, dans l'indigence nous défirons les
richeffes avec avidité, dans la médiocrité, nous nous
y attachons avec ardeur, dans l'opulance, nous en
abufons avec orgüeil.

Enfin elle a regardé le Ciel, comme le feul objet
digne de fes plus nobles attachemens.　Helas! nous
vivons la plûpart du têms, comme s'il n'y eût point
pour nous d'avenir à efpérer, ou à craindre.

Puiffiez vous, Meffieurs, tirer de ces principes de
Réligion des conféquences pour vôtre falut, & per-
fuadés que tout périt en ce monde puiffiez vous vous
attacher à Dieu qui feul fubfifte éternellement, pour
regner avec luï dans les fiécles, des fiécles. Amen.

**FIN.**